北大名师讲科普系列
编委会

编委会主任： 龚旗煌
编委会副主任： 方　方　马玉国　夏红卫
编委会委员： 马　岚　王亚章　王小恺　汲传波
　　　　　　 孙　晔　李　昀　李　明　杨蕙璇
　　　　　　 陆　骁　陈良怡　陈　亮　郑如青
　　　　　　 秦　蕾　景志国

丛书主编： 方　方　马玉国

本册编写人员

编　　著： 杭　侃
核心编者： 魏运高丽　康欣羽
其他编者： 杨　兵　黄潇潇　李杭媛　钱雨琨
　　　　　 宋　瑞　马　慨　王　冰

北大名师讲科普系列
丛书主编　方方　马玉国

北京市科学技术协会
科普创作出版资金资助

探知无界
云冈石窟艺术与历史探秘

杭侃　编著

图书在版编目（CIP）数据

探知无界：云冈石窟艺术与历史探秘 / 杭侃编著 . -- 北京：北京大学出版社，2025.1. -- （北大名师讲科普系列）. -- ISBN 978-7-301-35798-9

Ⅰ . K879.22

中国国家版本馆 CIP 数据核字第 2025LB3288 号

书　　　名	探知无界：云冈石窟艺术与历史探秘 TANZHI WUJIE：YUNGANG SHIKU YISHU YU LISHI TANMI
著作责任者	杭　侃　编著
丛书策划	姚成龙　王小恺
丛书主持	李　晨　王　璠
责任编辑	吴坤娟
标准书号	ISBN 978-7-301-35798-9
出版发行	北京大学出版社
地　　　址	北京市海淀区成府路 205 号　100871
网　　　址	http://www.pup.cn　新浪微博：@北京大学出版社
电子邮箱	编辑部 zyjy@ pup.cn　总编室 zpup@ pup.cn
电　　　话	邮购部 010-62752015　发行部 010-62750672　编辑部 010-62756923
印　刷　者	北京九天鸿程印刷有限责任公司
经　销　者	新华书店
	787mm × 1092mm　16 开本　7.25 印张　72 千字 2025 年 1 月第 1 版　2025 年 1 月第 1 次印刷
定　　　价	48.00 元

未经许可，不得以任何方式复制或抄袭本书之部分或全部内容。

版权所有，侵权必究

举报电话：010-62752024　电子邮箱：fd@pup.cn

图书如有印装质量问题，请与出版部联系，电话：010-62756370

总　序

龚旗煌

（北京大学校长，北京市科协副主席，中国科学院院士）

科学普及（以下简称"科普"）是实现创新发展的重要基础性工作。党的十八大以来，习近平总书记高度重视科普工作，多次在不同场合强调"要广泛开展科学普及活动，形成热爱科学、崇尚科学的社会氛围，提高全民族科学素质""要把科学普及放在与科技创新同等重要的位置"，这些重要论述为我们做好新时代科普工作指明了前进方向、提供了根本遵循。当前，我们正在以中国式现代化全面推进强国建设、民族复兴伟业，更需要加强科普工作，为建设世界科技强国筑牢基础。

做好科普工作需要全社会的共同努力，特别是高校和科研机构教学资源丰富、科研设施完善，是开展科普工作的主力军。作为国内一流的高水平研究型大学，北京大学在开展科普工作方面具有得天独厚的条件和优势。一是学科种类齐全，北京大学拥有哲学、法学、政治学、数学、物理学、化学、生物学等多个国家重点学科和世界一流学科。二是研究领域全面，学校的教学和研究涵盖了从基础科学到应用科学，从人文社会科学到自然科学、工程技术的广泛领域，形成了综合性、多元化的布局。三是科研实力雄厚，学校拥有一批高水平的科研机构和创新平台，包括国家重点实验室、国家工程研究中心等，为师生提供了广阔的科研空间和丰富的实践机会。

多年来，北京大学搭建了多项科普体验平台，定期面向公众开展科普教育活动，引导全民"学科学、爱科学、用科学"，在提高公众科学文化素质等方面作出了重要贡献。2021年秋季学期，在教育部支持下北京大学启动了"亚洲青少年交流计划"项目，来自中日两国的中学生共同参与线上课堂，相互学习、共同探讨。项目开展期间，两国中学生跟随北大教授们学习有关机器人技术、地球科学、气候变化、分子医学、化学、自然保护、考古学、天文学、心理学及东西方艺术等方面的知识与技能，探索相关学科前沿的研究课题，培养了学生跨学科思维与科学家精神，激发学生对科学研究的兴趣与热情。

"北大名师讲科普系列"缘起于"亚洲青少年交流计划"的科普课程，该系列课程借助北京大学附属中学开设的大中贯通课程得到进一步完善，最后浓缩为这套散发着油墨清香的科普丛书，并顺利入选北京市科学技术协会2024年科普创作出版资金资助项目。这套科普丛书汇聚了北京大学多个院系老师们的心血。通过阅读本套科普丛书，青少年读者可以探索机器人的奥秘、环境气候的变迁原因、显微镜的奇妙、人与自然的和谐共生之道，领略火山的壮观、宇宙的浩瀚、生命中的化学反应，等等。同时，这套科普丛书还融入了人文艺术的元素，使读者们有机会感受不同国家文化与艺术的魅力、云冈石窟的壮丽之美，从心理学角度探索青少年期这一充满挑战和无限希望的特殊阶段。

这套科普丛书也是我们加强科普与科研结合，助力加快形成全社会共同参与的大科普格局的一次尝试。我们希望这套科普丛书能为青少年读者提供一个"预见未来"的机会，增强他们对科普内容的热情与兴趣，增进其对科学工作的向往，点燃他们当科学家的梦想，让更多的优秀人才竞相涌现，进一步夯实加快实现高水平科技自立自强的根基。

目录 CONTENTS

导　语 / 1

第一讲 | 概说北魏历史和云冈石窟　/ 3

　　　　北魏历史概况　/ 10

　　　　云冈石窟的概况　/ 16

第二讲 | 云冈石窟的艺术特征（上）/ 43

　　　　云冈石窟的艺术特征之一：国家工程，皇家艺术　/ 48

　　　　云冈石窟的艺术特征之二：云冈模式的广泛影响　/ 63

第三讲 | 云冈石窟的艺术特征（下） / 71

　　云冈石窟的艺术特征之三：雕与塑，材与工 / 76
　　云冈石窟的艺术特征之四：多元文化的交流 / 89

思考与探索　/ 103

导 语

石窟是石窟寺的简称,
石窟寺是宗教遗存的一种类型。

云冈石窟是中国三大石窟之一。
石窟寺作为一个依附于崖体的寺院,
集建筑、雕塑、壁画、书法等于一体。
云冈石窟毫无疑问是世界艺术高峰之一,
它体现了人类的一种创造精神。

日本学者长广敏雄在其《云冈日记》里说,
云冈,这里有打败人类的东西。

云冈石窟的美,
代表东方造型艺术的一种美,
它是中外文化交流的产物,
也是多民族融合的结晶。
云冈石窟是中国的,也是世界的。

我是杭侃,
这是我的云冈石窟的艺术课堂,
我在北大等你。

感兴趣的读者可扫描二维码
观看本课程视频节选

第一讲

概说北魏历史和云冈石窟

同学们，大家好。今天给大家讲述的是云冈石窟及其历史概况。下页图是云冈石窟第 20 窟的露天大佛，我们到云冈石窟参观的时候，一般都会在云冈石窟第 20 窟露天大佛前合影留念。露天大佛的主佛高 13.7 米，高肉髻，广额丰颐，长目高鼻，有八字髭，手结禅定印，穿着质地厚重的袒右袈裟，衣纹凸起，具有犍陀罗造像遗风。

| 第一讲 | 概说北魏历史和云冈石窟

云冈石窟第 20 窟露天大佛

窟前立壁与窟顶早年崩塌，辽时建有木构窟檐，后毁于兵火，形成露天造像。大佛挺拔健硕的身躯，气势雄浑的神情，突出表现了鲜卑游牧民族的强大，是云冈石窟雕刻艺术的代表与象征，也是中国早期佛教雕刻艺术的空前杰作。大佛两侧各一立佛与胁侍菩萨，西像惜毁。

❓ 想一想

云冈石窟是谁主持开凿的呢？目的是什么？云冈石窟佛像有哪些艺术特征？你认为这些艺术特征的形成原因有哪些？

| 探知无界 | 云冈石窟艺术与历史探秘

艺术实践：请绘制一张佛像的速写，并在图中写上你对佛像艺术风格的思考。

 知识链接

石窟艺术是佛教文化的主要载体之一，也是佛教艺术的重要种类之一。云冈石窟一般分为三期，早期为460年—470年；中期为471—493年；晚期为494—524年。大家可以调研不同时期云冈石窟的艺术风格。

云冈石窟是北魏在平城时代营建的国家工程。当时，南边是南朝刘宋，北边是北魏，北魏的北边是另外一个比较强悍的游牧民族，叫柔然。北魏差不多统一了当时中国的北方地区。

 知识链接

南北朝

南北朝时期，指的是南朝（420—589）和北朝（439—581）相互对峙的历史时期。所谓南朝和北朝，并不是两个王朝的名

称，而是两批分别处在中国南、北方的政权的统称。南朝前后经历了宋（刘宋）、齐（萧齐）、梁（萧梁）、陈四个政权的统治，均以建康（今江苏南京）为都。北朝则经历了北魏、东魏、西魏、北齐、北周五个政权的更替。其中的北魏在439年实现了中国北方的统一，是北朝中最早出现的王朝。后来的东魏、西魏由北魏分裂而成，又各自发展为北齐、北周。直到589年隋朝统一全国，才结束了南北方对峙的局面。

北魏

北魏建于386年，统治者是鲜卑族拓跋氏。他们原住于东北大兴安岭一带，后来逐渐向西南方的阴山一带迁徙，并发展实力，成功以盛乐（今内蒙古和林格尔县）为首都建立了政权。以盛乐为据点，北魏部队继续向南攻伐，渐次夺取了河北、山西和陕西的大片领土。398年，拓跋珪迁都平城（今山西大同市），正式称帝。北魏平城时期，社会出现民族大融合的趋势，以平城为起点的丝绸之路促进了繁荣的东西方交通，孝文帝改革又进一步加速了南北交融，促成了494年迁都洛阳的壮举。北魏末年连年灾祸、政局动荡，多地民众起义、新势力崛起，最终在534年分裂为东魏、西魏，北魏王朝宣告灭亡。

北魏为什么能够结束分裂的局面，使得北方重归统一呢？

| 探知无界 | 云冈石窟艺术与历史探秘

▦ 北魏历史概况

北魏是由鲜卑族拓跋氏于386年建立的政权，398年迁都平城，平城就是现在的大同市，也就是云冈石窟的所在地。439年，北魏统一了中国的北方。494年，孝文帝又迁都到洛阳。534年，北魏分裂为东魏和西魏。云冈石窟就是北魏在平城时代所开凿的。

孝文帝为什么要先后迁都平城和洛阳？

5世纪后期，北魏孝文帝拓跋宏在位，大力推动民族交融。他将都城从平城迁到洛阳，并要求迁到洛阳的鲜卑贵族一律将籍贯改为洛阳，死后不得归葬平城；以汉族服饰取代鲜卑服饰，朝中禁鲜卑语，统一说汉语；改鲜卑姓为汉姓，其中皇族拓跋氏改姓元；仿照魏晋以来汉族社会的士族阶层，将新改姓的部分鲜卑贵族定为一等高门，并鼓励他们与汉族高门士族通婚。

北魏的平城时代经历了以下几位皇帝：
第一位皇帝道武帝开始接触佛教。

| 第一讲 | 概说北魏历史和云冈石窟

第二位皇帝明元帝继位后也表现出对佛教的虔诚。

439 年，第三位皇帝太武帝统一了中国的北方，他后来掀起了中国历史上第一次灭佛事件。

第四位皇帝是景穆帝，实际上他没有正式登基，他的帝号是后来追封的，太武帝要灭佛，景穆帝当时是太子，信仰佛教，所以就劝阻灭佛，保护了很多僧人，保护的僧人里面就有后来主持开凿云冈石窟的高僧昙曜。

第五位皇帝文成帝恢复了佛法，460 年（和平元年）开始营建云冈石窟。

第六位皇帝是献文帝，他是孝文帝的父亲。

第七位皇帝就是孝文帝。孝文帝继位的时候年纪非常小，所以在他的统治前期，实际上他是和冯太后共同执掌朝政的，起主导作用的是冯太后。

这就是北魏的平城时代。在平城时代，大同是当时丝绸之路的起点。

为什么有的北魏皇帝崇佛，而有的又主张灭佛呢？

| 探知无界 | 云冈石窟艺术与历史探秘

下图是在大同发现的外来金银器。当时在大同聚集了很多外国人,因为大同是当时丝绸之路的起点,也是一个国际性的大都市。

鎏金葡萄童子纹高足铜杯

鎏金动物神像纹高足铜杯

鎏金刻花银碗

八曲银长杯

图片来源:大同市博物馆.北魏平城丝路文物[M].太原:三晋出版社,2023.

| 第一讲 | 概说北魏历史和云冈石窟

北魏时期西方金银器的风格有何特点？其艺术风格对北魏的器物造型是否有所影响？

艺术实践：①尝试绘制金银器的器型特征及图案。②介绍中西方金银器的特征对比，例如典型的作品《鎏金动物神像纹高足铜杯》与中式金银器的风格对比。

下图是1988年在大同市南郊北魏墓群中出土的一件玻璃器——磨花玻璃碗。这件玻璃器一看就是外来的，当时国外来的玻璃器非常昂贵，但是在平城时代已经有了我们国产的玻璃器。

磨花玻璃碗，1988年大同市南郊北魏墓群M107中出土

图片来源：大同市博物馆. 北魏平城丝路文物[M]. 太原：三晋出版社，2023.

| 探知无界 | 云冈石窟艺术与历史探秘

　　国产的玻璃器是怎么来的呢？其实国产玻璃器的生产技术也来自于国外。据文献记载，当时有一个中亚大月氏人来到平城，"自云能铸五色琉璃"，于是采石山中，也就是在大同附近的山中采了原料来铸玻璃。因为国内也有了这个技术，所以当时玻璃器就不那么珍贵了。

大同市博物馆收藏的北魏玻璃器

图片来源：大同市博物馆. 北魏平城丝路文物 [M]. 太原：三晋出版社，2023.

| 第一讲 | 概说北魏历史和云冈石窟

前面讲述的内容，一方面可以让大家感受一下云冈石窟的雄伟和高大；另一方面想让大家了解，云冈石窟是国际文化交流的产物，大同当时是一个国际性的大都市。

北魏时期本土的玻璃器与西方的玻璃器各有什么特点？它与金银器的器型风格有哪些不同？这些器型对现代器物的造型有影响吗？

艺术实践： 探寻典型的玻璃作品《磨花玻璃碗》及国产玻璃器的风格特征。

| 探知无界 | 云冈石窟艺术与历史探秘

⁝⁝⁝ 云冈石窟的概况

下图是云冈石窟入选世界文化遗产名录之后立的一块纪念碑，纪念碑正对着的就是编号为第5和第6的两个洞窟，这两个洞窟为一组双窟，窟前四层木构楼阁为清初顺治八年（1651）宣大总督佟养量主持修建，因岩结构，蔚为壮观。这就是今天云中八景之一的"云冈佛阁"。第5窟窟门两壁上层各雕一株枝繁叶茂的菩提树，二佛侧身树下对坐，神情安详；下层金刚力士头戴双翼羽冠，身穿甲胄，威风凛凛。窟内北壁坐佛高17米，是云冈石窟中最高大的佛像，后世包泥彩绘，呈唐代风格。东西两壁各一立佛，西立佛鼻直眉弯，略显笑意，雍容秀典。后壁凿有礼拜道。

纪念碑

| 第一讲 | 概说北魏历史和云冈石窟

　　云冈石窟现在的参观路线和过去的参观路线不一样，我第一次到云冈石窟是在1993年，就是从这个地方进入云冈石窟的，因为这个地方是云冈石窟的老山门所在，第5窟、第6窟前有一对清朝时建的楼阁。但是我推测，很早时在这个地方也有楼阁。

　　云冈石窟最大的一尊像在第5窟，也就是我们从老山门进去，正对着的那座石窟，一进去就能看到体量巨大的主尊佛像，给人以强烈的视觉冲击。

第5窟主尊

| **探知无界** | 云冈石窟艺术与历史探秘

云冈石窟是中国石窟艺术的一部分,现在我国非常重视石窟寺的保护工作。为什么要重视石窟寺的保护工作呢?因为石窟寺集建筑、雕塑、美术、书法等为一体,能够体现一个地区古代文化的综合特征。在云冈石窟2001年申报世界遗产的时候就有一个评价,说云冈石窟是公元5世纪中国石窟艺术的巅峰。它的布局,尤其是昙曜五窟的严谨统一,代表了中国石窟艺术第一个巅峰时期的经典杰作。

什么是昙曜五窟呢?昙曜是主持开凿云冈的高僧,他开凿了云冈早期的5个洞窟。

| 第一讲 | 概说北魏历史和云冈石窟

昙曜像

昙曜年少出家，是凉州著名的禅师。太武帝灭北凉之后，北魏佛教因此兴盛起来。但由于佛教与统治者的政治利益发生了冲突，太武帝在太平真君七年（446年）发动了一场大规模的灭佛运动。当时能保持节操并勇于护法者很少，此时的昙曜义无反顾地选择了"护法"，并且"誓欲守死"，后经皇太子再三劝喻，才怀着复法的志向离开平城，前往中山避难。正平二年（452年），太武帝去世，文成帝即位，复兴佛教，文成帝复法的第二年，昙曜奉诏赶往平城。北魏和平元年（460年），受皇帝委派，由昙曜主持，在武州山凿石开山，雕凿佛像。现在石窟里的第16窟至第20窟就是当时昙曜主持开凿的五所大窟，即著名的"昙曜五窟"。

| 探知无界 | 云冈石窟艺术与历史探秘

    云冈石窟位于平城以西 16 公里的武州山南麓。平城是都城遗址，经过一些考古工作，我们有了一些比较重要的发现，比如明堂、仓储遗址等。武州山前有一条河，文献中称为武

云冈旧影

图片来源：水野清一，长广敏雄.云冈石窟·第一卷[M].京都：京都大学人文科学研究所云冈刊行会，1951.

| 第一讲 | 概说北魏历史和云冈石窟

州川,《水经注》里面就说石窟前的"武州川水又东南流"。下面这张照片是 20 世纪 40 年代从河对岸拍摄的照片。

| 探知无界 | 云冈石窟艺术与历史探秘

　　下图是云冈石窟总的立面图和平面图，下面是它的立面图，上面是它的平面图。怎么看这张图呢？我们看到下面立面图中编号第1窟、第2窟的洞窟，上面对应的是它们的平面图。这两个窟是一组双窟，两个窟的外立面和平面形制都很相像，都是有中心柱的塔柱窟。第3窟是云冈石窟中最大的一个洞窟，但是没有完工。从第4窟到老山门正对着的第

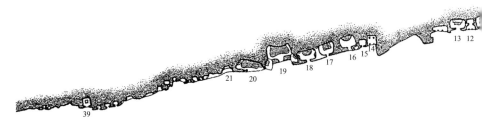

云冈石窟立面图、平面图

图片来源：云冈石窟文物保管所. 中国石窟·云冈石窟（一）[M]. 北京：文物出版社，1991.

| 第一讲 | 概说北魏历史和云冈石窟

5窟、第6窟,中间有一道山谷,叫龙王沟。然后再往西边去,中部窟群的编号从第5窟,一直到第13窟。在第13窟和第14窟中间,又有一道自然的分界,它也是一个山谷,只是这个山谷比较小。这样,云冈石窟就分为东区、中区和西区。我们刚才看到的云冈石窟的第20窟,就位于西区。

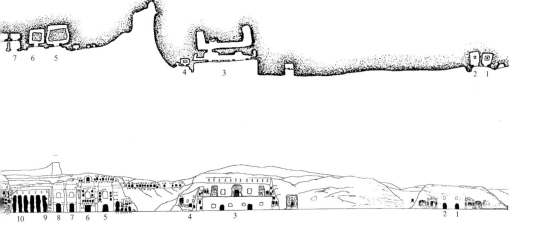

| 探知无界 | 云冈石窟艺术与历史探秘

    云冈石窟的营造顺序，也就是开窟的顺序其实和分区是有关的。同学们可以把自己想象成主持开凿云冈石窟的高僧昙曜，当你来到一座大山前，想要在山上开凿石窟，你会怎样做呢？你一定会先做一个计划，这个计划会考虑几个因素：第一，山体的高度；第二，山体的石质；第三，礼拜的空间。因为开凿一个大型石窟，势必要进行一些宗教活动。那么，这个空间和什么有关呢？一方面和像的大小有关；另一方面和武州川水有关，即还要考虑石窟和河岸的距离。从现在云冈石窟的分布来看，昙曜五窟所处的位置并不在正中间，但是在过去，我想在昙曜开窟的时候，它一定是位置最好的一个。

    我们再看一下云冈石窟的老照片与其平面图、立面图的对比，对其分布就可以看得更清楚。

云冈石窟老照片与其平面图、立面图的对比

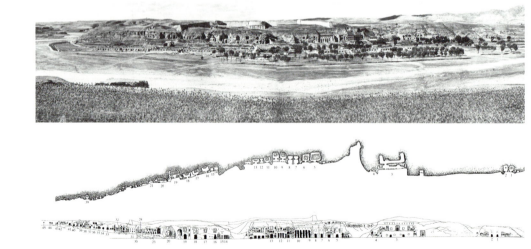

| 第一讲 | 概说北魏历史和云冈石窟

下图是云冈石窟的总平面图:第1窟与第2窟很像,中间都有一个塔,我们叫作中心塔柱窟;在中部窟群的第5、第6、第7、第8、第9、第10、第11、第12、第13窟,学术界一般认为这几组洞窟是成组的,叫作组窟;在西部,我们看到编号为16、17、18、19、20的5个洞窟,就是昙曜五窟。

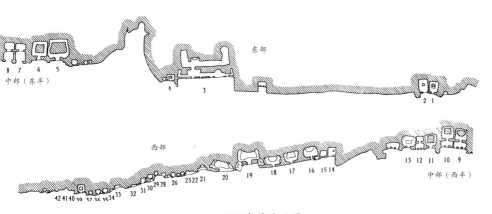

云冈石窟总平面图

图片来源:水野清一,长广敏雄.云冈石窟·第一卷[M].京都:京都大学人文科学研究所云冈刊行会,1951.

| 探知无界 | 云冈石窟艺术与历史探秘

云冈石窟第一期（昙曜五窟）

云冈石窟第20窟

| 第一讲 | 概说北魏历史和云冈石窟

我们现在把云冈石窟分为三期。

第一期就是昙曜主持开凿的昙曜五窟。现在看起来最突出的是第20窟,它应该和其他四个洞窟一样,有窟门和上面的明窗,但后来前壁坍塌之后,它看起来最有视觉冲击力。我们现在可以看到两尊佛像,实际上原来有三尊佛像,也就是我们在下面复原图上看到的云冈石窟第20窟的主尊和东、西立佛,现在东立佛还存在,西立佛随着前壁和明窗的坍塌也毁坏了。前些年进行的窟前遗址的发掘,发现了西立佛的残块,身体的大部分我们都找到了。

云冈石窟第20窟复原图与西立佛的残块(左边蓝色箭头所指之处)

图片来源:《云冈石窟艺术的特征》视频课程,亚洲青少年交流计划官方网站.

| **探知无界** | 云冈石窟艺术与历史探秘

所以原来的第20窟应该是以三世佛为主的一个洞窟，昙曜五窟统一的特点是它的平面基本上呈椭圆形，顶部呈穹窿形。现在学术界一般认为这种穹窿形是仿照草原上游牧民族毡帐的形状设计的。洞窟的佛像基本上以过去、现在、未来三世佛为主，佛像占据了窟内大部分的空间，窟内并没有留下礼拜的空间，所以我们推测最初是在窟外进行观瞻的。这样也可以解释为何昙曜五窟底下的窟门稍微小一点，而上面的明窗很大。因为从窟外来看，明窗满足了观瞻的需要。

云冈石窟第16～21窟外景

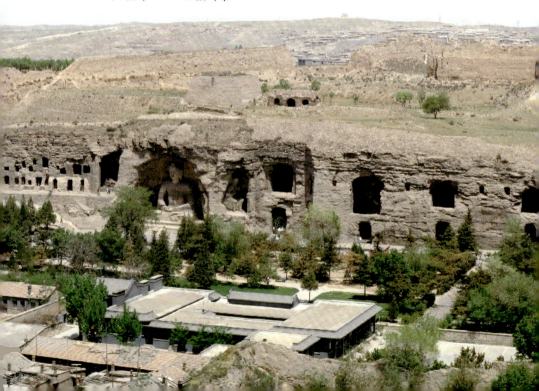

| 第一讲 | 概说北魏历史和云冈石窟

当然，云冈石窟非常高大，开凿的时候要从上面往下逐层开凿，所以明窗和窟门是一个出石料的地方。这种构造既有工程上的需要，也有礼拜空间的需要。

下图是云冈石窟第 20 窟的老照片。

云冈石窟的第二期洞窟主要分布在中部，也就是第 5、

云冈石窟第 20 窟老照片

图片来源：水野清一，长广敏雄. 云冈石窟·第十三、十四卷 [M]. 京都：京都大学人文科学研究所云冈刊行会，1955.

| 探知无界 | 云冈石窟艺术与历史探秘

第6,第7、第8,第9、第10,第11、第12、第13窟。

云冈石窟第二期：云冈中部窟群

其中，第12窟又称为音乐窟，因为洞窟里面有很多当时的乐舞形象，而且表现的应该是北魏时期的皇家乐舞。

云冈石窟第12窟有什么内容呢？请根据图片讲述你获取到的信息。

| 第一讲 | 概说北魏历史和云冈石窟

第 12 窟前室窟顶

第 12 窟前室北壁上层

云冈石窟第 12 窟也称为音乐窟，是云冈石窟中较为著名的一个窟。它建于孝文帝时期，特点是有很多表现音乐和舞蹈的雕像，通过这些雕塑可以窥见当时的音乐与舞蹈艺术以及宗教文化。

第12窟中典型的图案内容有：

①佛像与菩萨像。窟内壁面上布设了许多佛龛，龛中央体量最大的造像，我们称之为"主尊"；两边分别设一身体量较小的造像，我们称之为"胁侍"。一般情况下，主尊是佛像，而胁侍则是菩萨像。当然，在不同的题材中，也存在主尊是菩萨像的情况。胁侍除了菩萨像之外，可能也有弟子像。

②乐舞像。第12窟之所以被称为"音乐窟"，就是因为窟内壁面上雕刻了各种乐舞场景。乐舞的表演者是"天人"，也就是佛教中生活在天界的人，我们将表演乐舞的天人称为"伎乐天"。他们或击掌打节拍，或演奏琵琶、横笛、腰鼓等多种乐器，或翩翩起舞，体现出北魏时期音乐与舞蹈艺术的高度发展。

③飞天像。"飞天"意为飞翔的天人，和伎乐天一样，也是天人的一种。他们主要出现在窟、龛的顶部，或手捧香花，或托举宝莲、日月，象征着佛教中天界的神圣和庄严。飞天通常表现为穿着飘逸服饰、姿态优美地飞翔于空中的神祇形象，增添了窟内的神秘与壮观。

④装饰纹样。窟龛内外除了人物之外，还雕刻有精美的装饰纹样，包括莲花、忍冬、火焰纹等典型的佛教图案，以及一些源于中国传统艺术的神兽、山川树木，还有用于装饰窟龛的华绳、帐幔等，丰富了窟内的艺术表现。

第12窟的这些典型图案不仅展示了北魏时期佛教艺术的高超技艺，也反映了当时社会文化和宗教信仰的面貌。这些雕塑作为研究中国古代音乐、舞蹈、宗教和雕塑艺术的重要资料，至今仍吸引着世界各地的学者和游客。

| 第一讲 | 概说北魏历史和云冈石窟

云冈石窟第二期的洞窟与第一期相比有很大的不同：第二期的洞窟多是成组的双窟。

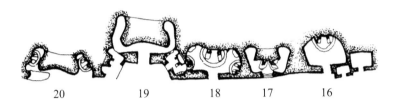

昙曜五窟（第16～20窟）平面图

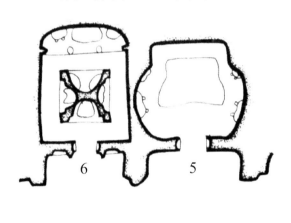

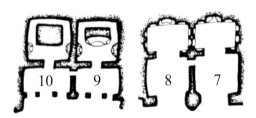

云冈石窟第二期中第5～10窟的平面图

图片来源：云冈石窟文物保管所.中国石窟·云冈石窟（一）[M] // 宿白.平城实力的集聚和"云冈模式"的形成与发展.北京：文物出版社，1991.

下图为第 5 窟、第 6 窟的平面图,我们可以感受一下,第 5 窟的主尊占了窟内多么大的空间。

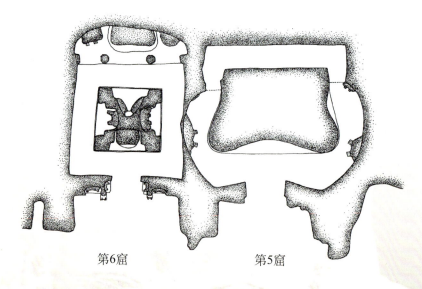

第6窟　　　　第5窟

图片来源:水野清一,长广敏雄.云冈石窟·第二卷 [M].京都:京都大学人文科学研究所云冈刊行会,1955.

| 第一讲 | 概说北魏历史和云冈石窟

这是第 5 窟的两尊佛像，一尊是云冈石窟的第一大佛，高 17 米；另外一尊被称为云冈石窟最美的佛像，在第 5 窟的外立壁上。

云冈石窟第 5 窟的两尊佛像

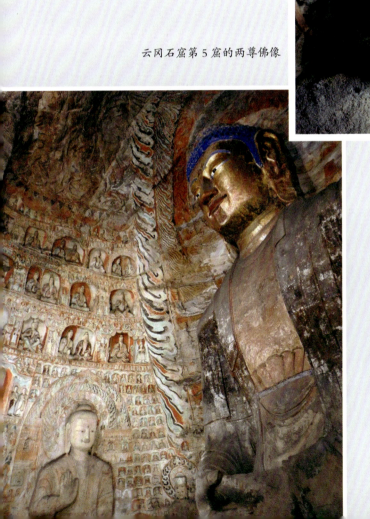

| 探知无界 | 云冈石窟艺术与历史探秘

下图是第 5 窟的主尊,我们可以再感受一下主尊的高大以及石窟空间给人的一种压迫感。

云冈石窟的第二期洞窟与第一期相比,最大的变化是:第一期洞窟有很多外来文化因素,而第二期洞窟完成了石窟艺术的本土化,或者说中国化的进程。

云冈石窟第 5 窟主尊

| 第一讲 | 概说北魏历史和云冈石窟

我们可以看下面这张图,这是一个非常受中国古代文人喜爱的题材,叫文殊与维摩诘。唐代著名诗人王维很喜欢维摩诘,因为维摩诘是一个非常智慧的人。这个题材表现的是文殊和维摩诘在讨论佛法,中间是佛。这一组场景位于一个中国式的宫殿建筑里,旁边是两个中国式的佛塔。

云冈石窟第6窟文殊与维摩诘

第二期洞窟出现了很多成组的洞窟，也出现了很多二佛并坐的题材，这种题材为什么会出现并流行呢？学术界普遍认为，这与孝文帝和冯太后共同执掌朝政有关，当时的文献把这两人并称为二圣。云冈石窟表现二佛并坐题材的两尊佛像，穿的袈裟已经不是我们在昙曜五窟看到的那种充满西方格调的袈裟，而是中国士大夫阶层喜欢穿的褒衣博带式的服装，他们也是在一个中国式的帷幔龛底下讨论佛法，这组造像便可以反映云冈石窟艺术逐步中国化的过程，可见外来的艺术到不同的地方，都会和当地的文化相结合。

云冈石窟第6窟释迦、多宝二佛并坐像

| 第一讲 | 概说北魏历史和云冈石窟

云冈石窟第 20 窟与第 6 窟佛像的对比

上图是云冈石窟第 20 窟与第 6 窟佛像的对比。

云冈石窟第 20 窟主尊两肩浑厚有力，挺着胸部，穿着右袒式袈裟，充满了自信。第 6 窟的立像穿的则是褒衣博带。所谓褒衣博带，褒就是大，博也是宽大，褒衣博带式的袈裟是当时服饰改革之后的一种象征。这尊佛像也位于中国式的佛塔里面。两者中一个是第一期的风格，另一个是第二期的风格，其实是很好区分的。

| 探知无界 | 云冈石窟艺术与历史探秘

    云冈石窟第6窟中的维摩诘像和文殊菩萨像有什么特点呢？请从服饰特征鉴赏角度谈一谈你对其艺术风格的理解，并从服饰特征角度整理出"石窟艺术本土化"的思路。

    云冈石窟第6窟中的维摩诘像和文殊菩萨像体现了第二期洞窟艺术本土化的特征：佛像通常穿的是褒衣博带，线条流畅，服饰的褶皱自然而有节奏感。

| 第一讲 | 概说北魏历史和云冈石窟

云冈石窟第三期的洞窟主要位于云冈第 20 窟的西边,开凿于北魏迁都洛阳之后。北魏迁都洛阳之后,在大同还留有一些统治的机构,文献里称之为北台,就是北边的政府的意思。云冈石窟第三期也有很多很精彩的洞窟。

第三期的洞窟位于第 20 窟的西边

云冈石窟的概况我们就介绍到这里。了解了云冈石窟的概况,就可以进一步讨论它的艺术特征了。

第二讲

云冈石窟的艺术特征(上)

第二讲 云冈石窟的艺术特征(上)

上一讲我们重点介绍了北魏历史概况和云冈石窟的概况,这一讲,我们将着重介绍云冈石窟的艺术特征之一和之二。

| 探知无界 | 云冈石窟艺术与历史探秘

⁜ 云冈石窟的艺术特征之一：国家工程，皇家艺术

敦煌莫高窟第 427 窟－宋代窟檐

图片来源：敦煌文物研究所. 中国石窟·敦煌莫高窟 [M]. 北京：文物出版社；株式会社平凡社，1987.

云冈石窟的艺术特征之一，我概括为国家工程，皇家艺术。为什么这么说呢？我们很多人都知道敦煌石窟。敦煌石窟非常好，它的题材也非常丰富。但是，当我们对比敦煌石窟和云冈石窟的时候，就会发现敦煌石窟的有些题材，比如一些生活化的场景，在云冈石窟里面并没有。为什么呢？因为它们洞窟的性质不一样。云冈石窟是由国家主持开凿的大型石窟群，它所要反映的主要不是生活细节，而是国家的意志。它究竟要反映什么样的意志呢？我们后面再讲。

| 第二讲 | 云冈石窟的艺术特征（上）

这里先说云冈石窟作为国家工程的特征。二十四史里面有一部书叫《魏书》，《魏书》里有一个志叫《释老志》，释就是释迦牟尼，老就是老子，也就是说这是给佛教和道教专门做的一个志。

《释老志》里记载了昙曜向皇帝建议"于京城西武州塞"（也就是云冈石窟现在所在的位置）"凿山石壁，开窟五所，镌建佛像各一"，每个洞窟的主尊"高者七十尺，次六十尺。雕饰奇伟，冠于一世"。

知识链接

二十四史

二十四史是中国古代各朝撰写的二十四部史书的总称。它上起传说中的黄帝时期（约公元前2550年），下至明朝崇祯十七年（1644年）。这二十四部史书具体包括：《史记》《汉书》《后汉书》《三国志》《晋书》《宋书》《南齐书》《梁书》《陈书》《魏书》《北齐书》《周书》《隋书》《南史》《北史》《旧唐书》《新唐书》《旧五代史》《新五代史》《宋史》《辽史》《金史》《元史》《明史》。

《释老志》

《释老志》全称《魏书·释老志》，是北魏国史《魏书》之中的一部分，载于第114卷。《魏书》的作者是魏收（507—572），他出生于北魏晚期，历任北魏、东魏、北齐三朝，因此《魏书》属于"当时人记当时事"，史料价值较高。其中的《释老志》是中国历史上首次在史书中出现的释道史志，记载了北魏佛教、道教的整体面貌与相关史实，其中佛教占极大篇幅，包括佛教传入中国的经过、传入后至北魏的发展情况、北魏朝廷与佛教的关系、统治者对佛教的政策等。由此可见，北魏的佛教在政治与民生中都有着重要地位。今天，《释老志》中的记载是我们研究云冈石窟以及北魏佛教史时不可或缺的珍贵史料。

北魏时还有一本书,就是郦道元的《水经注》。《水经注》里记载云冈石窟是"凿石开山,因崖结构,真容巨壮,世法所稀",给当时的人们造成了庞大的视觉冲击力。这种巨大的形象,让人们产生了精神上的共鸣。

唐代早期有一位叫道宣的高僧在《续高僧传》里专门给昙曜作了传,说他主持开凿的洞窟,"穷诸巧丽,骇动人神"。"穷诸巧丽"指什么呢?我们可以对照云冈石窟第二期的洞窟,比如第6窟,就雕刻得非常华丽,这些都是当时或者离开凿时间不远的文献所记载的云冈石窟给人们带来的震撼。

| 探知无界 | 云冈石窟艺术与历史探秘

真容巨壮

穷诸巧丽

知识链接

《水经注》

《水经注》为中国古代地理名著。作者为北魏地理学家郦道元（约470—527），共有40卷（原书宋代已佚5卷，今本仍作40卷，乃经后人割裂改编而成），成书于6世纪20年代。此书名为注释《水经》，实则以《水经》为纲，作了20倍于原书的补充和发展，自成巨著。据《唐六典·工部·水部员外郎注》称，《水经注》记载大小水道1252条，实际上所涉及的干支流水道有5000多条。以大河为骨干，详述干支流原委和变迁，以及所经地区山陵、原隰、城邑、关津等地理情况、建置沿革、水利工程兴废、有关历史事件和人物，甚至神话传说，无不繁征博引，为公元6世纪前中国全面而系统的综合性地理著作。

第二讲 | 云冈石窟的艺术特征（上）

为什么当时的人们要花那么大的力气在山上面开凿石窟呢？古代的文献里其实交代了古人的想法。在金代，大同还属于金代的西京。《大金西京武州山重修大石窟寺碑》记载道，"物之坚者莫如石"，就是说任何东西的坚硬程度都不如石头；"上摩高天，下蟠厚地，与天地而同久"，即在大山上开凿石窟可以上接天，下接地，可以和天地而同久。因此人们要在巨大的山上雕凿大像，这种方式和"范金""合土"等造像方式不一样。

 知识链接

《大金西京武州山重修大石窟寺碑》

《大金西京武州山重修大石窟寺碑》是金代重修云冈石窟时所立的碑记。

金代（1115—1234）曾建有6个都城，分别是上京会宁府（今黑龙江阿城南），东京辽阳府（今辽宁辽阳），北京大定府（今内蒙古宁城县大明镇），中都大兴府（今北京），西京大同府（今山西大同），南京开封府（今河南开封）。碑记中的"大金西京"，就是北魏的都城平城，今天的山西大同。而"武州山"又是云冈石窟所在山地的名字，那么，金代在武州山重修的"大石窟寺"自然就是指云冈石窟了。

这通碑刻原本早已佚失，1947年，北京大学著名考古学家宿白先生整理北京大学图书馆所藏善本书籍时，在缪荃孙传抄的《永乐大典》天字韵《顺天府》条引《析津志》文内，偶

| 探知无界 | 云冈石窟艺术与历史探秘

然发现了《大金西京武州山重修大石窟寺碑》的抄本。碑文共2100余字,对北魏灭亡后唐代到金代云冈石窟的兴修历史有详细记述,并引用了一些现已佚亡的北魏铭刻和文献记录。这一发现补充了云冈历史的空白页,将云冈石窟的研究向前推进了一大步。

什么是范金?我们知道,中国古代的青铜器是用模范去铸造的,范金就是以模子浇铸金属,所以金铜的佛像都不会太大。合土是什么?就是泥塑。这些造像方式与开凿石窟相比,不可同日而语。佛教艺术有多种表现形式,石窟寺只是

敦煌莫高窟

图片来源:敦煌文物研究所. 中国石窟·敦煌莫高窟[M]. 北京:文物出版社;株式会社平凡社,1987.

| 第二讲 | 云冈石窟的艺术特征（上）

云冈石窟

龙门石窟

一种表现形式。但是石窟寺里也有不同的类型，比如有像敦煌石窟那样的，主要是由传法的高僧、当地的官员、往来的商人等捐资以及民间集资兴建的洞窟；也有像云冈石窟、龙门石窟这样能够体现皇家典范、表现皇家艺术的洞窟，这种洞窟更强调视觉的冲击力。

这种艺术在国外学术界又有一个专门的名词，叫作**岩石艺术**。岩石艺术都是在大自然中创作的，创作者创作的时候，就是有意识地要流传给后人的，就像西方艺术界所说的那种纪念碑式的建筑，它就要给人造成强烈的视觉冲击力。这也是本书把"国家工程，皇家艺术"作为云冈石窟的第一个艺术特征介绍给大家的原因。

你了解岩石艺术吗？你认为岩石艺术有哪些特点？请谈谈你眼中的岩石艺术。

岩石艺术

埃里克·多纳与普莱斯（Eric Doehne and C.A.Price）在2010年出版的《石质文物保护研究回顾2》（*Stone Conservation: An Overview of Current Research 2nd Edition*）中，从石质文物中划

| 第二讲 | 云冈石窟的艺术特征（上）

分出了"岩石艺术"。内维尔·阿根纽（Neville Agnew）等先后在 2015 年出版的《岩石艺术：危机下的文化珍宝》（*Rock Art: A Cultural Treasure at Risk*）中列举了岩石艺术的几种代表形式：岩画、洞穴壁画、石窟寺等，并强调了它们的珍稀性和脆弱性。

我国拥有类型丰富、数量众多、时空分布广泛的岩石艺术遗存，除了本书详细介绍的石窟寺之外，还有许多其他形式的岩石艺术作品，例如：

① 阴山岩画。主要分布在内蒙古自治区巴彦淖尔市的乌拉特前旗、中旗、后旗以及磴口县，总量达三万余幅。这些岩画是使用工具在岩面上凿刻而成，其中数量最多、凿刻最精的是动物岩画，包括牛、羊、鹿等多种形象。阴山岩画不仅是我国最大的岩画宝库，也是世界上岩画最丰富的区域，有着"千里画廊"的美誉。（摘自包头博物馆古代岩画陈列）

② 纳木错扎西岛岩画。扎西岛位于西藏自治区当雄县境内纳木错湖的东岸，岩画分布在岛上的天然岩洞中和崖壁上，大部分岩画采用红色颜料绘制而成，少数使用了黑色颜料。这里的数百个图像构成数十组画面，其中包括狩猎、征战、舞蹈等场景，还有虎、狼、鹰等动物图像。（摘自四川人民出版社《西藏岩画艺术》）

③ 阿勒泰鹿石。鹿石广泛分布在欧亚草原地区，我国境内主要分布在新疆维吾尔自治区阿勒泰地区，集中于青河、富蕴两县境内。鹿石一般指经过人工雕凿而成的一种碑状石刻，最初因刻有鹿的图案而得名，实际上同类的碑状石刻除雕刻鹿纹样之外，还有雕刻马、羊、猪以及猫科猛兽的，还有一些并不雕刻动物，而是雕刻了圆环、刀、剑、弓等纹饰的，但它们仍被称作鹿石。所以，"鹿石"一词已成为特定形式碑状石刻的代名词。（摘自王博《新疆鹿石综述》）

| 探知无界 | 云冈石窟艺术与历史探秘

皇家工程的营建是需要耗费大量的人力、物力、财力的，那为什么要去开凿呢？除了要"与天地而同久"之外，最主要的原因还是有助于社会治理、寻求社会的共识。

我们知道西晋之后的 五胡 乱华：西晋皇族争夺政权的八王之乱动摇了统治基础，严重破坏了社会经济，在北方及巴蜀地区，包括匈奴、鲜卑、羯、氐、羌等5个少数民族（五胡）在内的各族统治者乘机起兵，先后建立了包括16国在内的24个割据政权。这一时期中原沦陷，西晋王朝覆灭、东晋王朝偏安，群雄混战，国家分裂，社会动荡，人民痛苦。

"五胡"主要指匈奴、鲜卑、羯、氐、羌5个胡人大部落，但五胡是西晋末各乱华胡人的代表，事实上数目远非5个。东晋统治南方的时候，北方先后出现了一批割据政权，最主要的有15个，加上西南地区的成汉，合称"十六国"。

第二讲 | 云冈石窟的艺术特征(上)

这时用什么办法来寻求社会的安定呢?社会上的这些政权普遍通过两个方式:一个是汉化,所以后来孝文帝实施了全面汉化;还有一个就是利用佛教,希望能够由此达到社会的共识。

北魏佛教和北魏政权的结合有许多具体的例子,比如说有一年,都城里面建造佛像,"令如帝身",就是说虽然刻画的是佛像,但要刻画得像皇帝一样;还有一年,在一个大的寺院为五个皇帝铸造了五身释迦像。所以,学术界认为,昙曜在云冈开凿的这五个大洞窟其实是为五个皇帝造五身释迦像活动的一个翻版,其目的也是寻求社会共识。

用《魏书·释老志》里面的话来说,从佛教宗教集团这方面来看,"能鸿道者人主也",能发扬佛教、推动佛教的一定是国家的统治者,因此"我非拜天子,乃是礼佛耳"。

云冈石窟的岩石艺术有哪些特点?

| 探知无界 | 云冈石窟艺术与历史探秘

云冈石窟在岩石艺术上的卓越成就可归纳为以下几点,这也是云冈石窟满足世界文化遗产标准、得以成功入选的依据。

①云冈石窟是世界伟大的古代雕刻艺术宝库之一。

云冈石窟现存大小窟龛252个,雕像51 000余躯,石雕面积达18 000余平方米,窟绵延达1公里。石窟规模之宏大、雕刻艺术之精湛、造像内容之丰富,堪称公元5世纪后半叶中国佛教雕刻艺术的"陈列馆",被誉为世界伟大的古代雕刻艺术宝库。

②云冈石窟对石窟艺术的变革与发展作出了重大贡献。

云冈石窟注重雕刻艺术自身的审美规律和形式法则,运用雕刻艺术语言揭示宗教艺术特征,是印度及中亚佛教艺术向中

第二讲 云冈石窟的艺术特征（上）

国佛教艺术发展的佳例。云冈石窟在短暂的30年时间里，造像艺术相继完成了从"胡貌梵相"到"改梵为夏"的过程，这是民族审美意识和历史文化底蕴强烈追求所致，是古印度犍陀罗和秣菟罗艺术与中华民族艺术相融合碰撞所产生的结果。其创造的新因素又极大地影响了龙门、敦煌等其他中国石窟造像。

③云冈石窟是公元5世纪中国民族大融合的特殊见证，是早期佛教艺术大规模植根中国中原地区的杰出代表。

大同在公元5世纪不仅是当时世界上最大都市之一，同时也是吸收印度、中亚文化艺术，融合西域诸国和中国各地民族文化与艺术的聚集之地。云冈石窟中表现出胡汉杂糅、中西并举的艺术特征，正是这一时期中国民族大融合的特殊例证。

④云冈石窟是世界佛教石窟艺术第二个繁荣期的最佳作品。

云冈石窟是多元文化融合形成的中国化艺术风格，它反映了佛教艺术植根于中国中原地区的创作成就。从最早的昙曜五窟（16～20窟），到汉化创新后的中部诸窟（5～13窟），都在主题思想、造型设计、艺术情感、宗教内涵等诸多方面成就卓然，是具有划时代意义的典型作品，也是世界佛教石窟艺术第二个繁荣期的最佳作品。

（摘自云冈石窟世界文化遗产申报文本）

| 探知无界 | 云冈石窟艺术与历史探秘

从统治者的角度来说,佛教能够"助王政之禁律,益仁智之善性"(《魏书·释老志》),所以提倡佛教,开凿大的石窟,造成大的视觉冲击力,以引起人们的精神共鸣。佛教团体有弘扬佛教的目的,统治者有统治的目的,这两者在北魏时期有比较好的结合。

为了达到统一社会共识的目的,政府"令沙门敷导民俗",这是《魏书·释老志》里的一句话,也就是说为了达到这个目的,不能只造像,还要让一批沙门像老师一样去引导和教导民众,通过佛教信仰和文化来教育、影响社会风俗。下图是云冈石窟第11窟里面的一铺造像,下面供养人的队伍是由僧人来作前导。北魏境内开凿了很多小型的石窟,还有很多造像碑,下面的供养人队伍都是由僧人作为前导,聚合了当地的社会力量去开凿石窟,很好地贯彻了国家的意志。

云冈第11窟中的供养人队伍与"令沙门敷导民俗"题记(3D打印)

云冈石窟的艺术特征之二：云冈模式的广泛影响

"云冈模式"是我的导师——北京大学的宿白教授提出的，他是中国佛教考古的创始人。他有一篇代表作《平城实力的集聚和"云冈模式"的形成与发展》。这篇文章讲述了云冈工程开凿的时候需要大量的人力、物力、财力，以及人力、物力、财力的来源。宿白教授指出，在统一中国北部的时候，各个地方的精华被不断地吸收到平城（现在的大同附近）。也就是说，439年北魏统一整个北方，在统一的过程中，很多小的政权被北魏吞并了，北魏把那些地方的精华部分迁到平城。这就是宿白教授所说的"平城实力的集聚"。文献里面记得比较清楚的迁到平城的人就有一百多万，其中包括当时的知识分子、能工巧匠等，还有昙曜，他原来是位于现在甘肃武威地区的北凉政权的高僧，在北魏政权吞并北凉之后，他也被迁到了平城。

宿白教授论述的另一个重点是云冈模式的形成与发展。宿白教授认为云冈石窟所创造和不断发展的新模式，很自然地成为北魏领域内兴造石窟所参考的典型。所以，"东自辽宁义县万佛堂石窟，西迄陕、甘、宁各地的北魏石窟，无不有

| 探知无界 | 云冈石窟艺术与历史探秘

云冈模式的踪迹,甚至远处河西走廊、开窟历史早于云冈的敦煌莫高窟亦不例外"。

义县万佛堂石窟
图片来源:义县万佛堂石窟微信公众号

| 第二讲 | 云冈石窟的艺术特征（上）

甘肃庆阳北石窟寺

图片来源：崔惠萍. 北石窟寺旧影 [M]. 兰州：甘肃人民出版社，2019.

下图是位于甘肃泾川的王母宫石窟，泾川位于丝绸之路的要道上，这个地方有很多佛教遗迹。甘肃省文物局官方网站介绍甘肃泾川王母宫石窟时用的题目是"云冈石窟第六窟的'升级版'"。云冈模式为什么会有这样一种直接的影响呢？是因为主持开凿甘肃泾川王母宫石窟的人叫抱嶷，他是平城时代一名很重要的官员，后来他不太赞同孝文帝的一些做法，但孝文帝对他也很尊敬，因为他是老臣，孝文帝就让他回到老家泾川担任泾川太守。王母宫石窟就是他主持开凿的。因此王母宫石窟是云冈模式影响的一个直接的例证。

甘肃泾川王母宫石窟

图片来源：泾川王母宫石窟：云冈石窟第六窟的"升级版". 甘肃省文物局微信公众号.

| 第二讲 | 云冈石窟的艺术特征（上）

云冈石窟第6窟是一个中心塔柱窟，第二层的四角上面有四头大象驮着塔。王母宫石窟在这个位置上有一头大象，并且很引人注目，所以过去又把王母宫石窟叫成"象洞"。王母宫石窟里的大象很吸引人，实际上其创意来自云冈石窟第6窟。

云冈石窟第6窟中心柱

"象洞"——泾川王母宫石窟中心塔柱上的驮塔大象

图片来源：泾川王母宫石窟：云冈石窟第六窟的"升级版".甘肃省文物局微信公众号.

云冈模式的广泛影响不限于对洞窟,还有对单体造像。比如从河北临漳(古称邺城)地区出土的谭副造像碑就可以明显看出平城造像的影响。所以,宿白教授说,云冈石窟的影响范围之广,影响时间之长,是中国其他任何石窟所不能比拟的。对云冈石窟的研究,有助于了解石窟艺术自印度向东传播的情况,尤其对中国早期石窟的研究具有关键意义。

河北临漳地区出土的谭副造像碑

图片来源:中国社会科学院考古研究所,河北省文物研究所. 邺城北吴庄出土佛教造像[M]. 北京:科学出版社,2019.

第三讲

云冈石窟的艺术特征
（下）

| 第三讲 | 云冈石窟的艺术特征（下）

上一讲我们介绍了云冈石窟的艺术特征之一和之二，本讲主要介绍云冈石窟的艺术特征之三和之四。

| 探知无界 | 云冈石窟艺术与历史探秘

云冈石窟的艺术特征之三：雕与塑，材与工

我先要重点强调一下雕与塑的区别。

下图是麦积山石窟第 44 窟的一组塑像。中国石窟艺术博大精深，就像第一讲里介绍的，石窟寺是集建筑、雕塑、书法等艺术于一体的综合性艺术，所以对它们要格外注意保护。在博大精深的中国石窟艺术里，有很多石窟都有它自己的特点。敦煌石窟有敦煌石窟的特点，云冈石窟有云冈石窟的特点，龙门石窟有龙门石窟的特点。

麦积山石窟第 44 窟

图片来源：宿白. 中国石窟寺研究 [M]. 北京：生活·读书·新知三联书店，2019.

第三讲 云冈石窟的艺术特征（下）

我们经常将"雕"和"塑"连在一起说，但是实际上雕和塑是不同的艺术门类。从塑像的角度来看，我们普遍认为艺术水平最高的是麦积山石窟。

麦积山石窟地处甘肃省天水市东南50公里的麦积山乡南侧西秦岭山脉的一座孤峰上，因其形似麦垛而得名。

麦积山石窟

| 探知无界 | 云冈石窟艺术与历史探秘

天水市也位于丝绸之路必经之路上。大家有机会看麦积山石窟的话,一定要注意欣赏其塑像艺术。下面左边图中是一组塑像,他们好像是闻听佛法以后有所心得,两个人在交流,窃窃私语,非常生动形象。右边图中是一个小沙弥,刻画的仿佛是他闻听佛法以后,油然而生出喜悦的感情。

麦积山石窟塑像

图片来源:天水麦积山石窟艺术研究所. 中国石窟·天水麦积山 [M]. 北京:文物出版社,株式会社平凡社,1998.

| 第三讲 | 云冈石窟的艺术特征（下）

对云冈石窟的艺术特征，这里想强调的是它的雕与塑，材与工。也就是说，云冈石窟是雕刻出来的。

云冈石窟的菩萨像

右图菩萨像上的十字线，是我们正在进行临摹的基准线

雕是在做减法，从上面开凿进去以后把石头取出来，然后从窟门也开凿进去，再把上下打通。塑是用泥不断地在木架子上做加法。

| 探知无界 | 云冈石窟艺术与历史探秘

佛教石窟艺术从印度起源,首先传入我国新疆,又从新疆传入甘肃的河西走廊。之后沿着丝绸之路向内地传播。从开凿时间来看,新疆地区的石窟是最早的。

不论新疆的石窟还是甘肃的石窟,立体佛像都是用塑的方法创造的,但是云冈石窟是以雕刻为主。云冈石窟工程训练出一大批从事石窟开凿的工匠,但这批工匠是不是马上就很成熟了呢?其实不是。《魏书·释老志》中讲到过龙门石窟的开凿过程:"景明初,世宗诏大长秋卿白整准代京灵岩寺石窟,于洛南伊阙山,为高祖、文昭皇太后营石窟二所。初建之始,窟顶去地三百一十尺。至正始二年中,始出斩山二十三丈。至大长秋卿王质,谓斩山太高,费功难就,奏求下移就平,去地一百尺,南北一百四十尺。永平中,中尹刘腾奏为世宗复造石窟一,凡为三所。从景明元年至正光四年六月已前,用功八十万二千三百六十六。"文献中提到的三所洞窟就是现在河南龙门石窟的宾阳三洞。

| 第三讲 | 云冈石窟的艺术特征（下）

河南龙门石窟宾阳三洞

宾阳三洞开凿于北魏时期，是北魏的宣武帝为他的父亲孝文帝做功德而建。它开工于公元500年，历时24年，用工达到了802 366个，后因为发生宫廷政变以及主持人刘腾病故等原因，计划中的三所洞窟（宾阳中洞、南洞、北洞）仅完成了一所，即宾阳中洞，南洞和北洞都是到初唐才完成了主要造像。

图片来源：彭明浩.龙门西山南段两处大型斩山遗迹[J].华夏考古，2019，（05）.

至于"准代京灵岩寺",准就是仿造,代京就是平城(北魏政权早期建立了代国),灵岩寺石窟就是北魏时云冈石窟的称号。所以龙门开凿皇家洞窟,为皇帝、太后开凿的时候,一开始就是想仿造云冈石窟,可是没有仿造成功。为什么呢?就是因为这些曾参考云冈石窟工程的工匠对龙门石质的理解不够深刻。

除了雕和塑之外,还有第二个问题,就是材和工。同样都是雕刻,用的材料不一样,需要采取的工艺也不一样,表现出来的特质就不一样,最终会形成不同的艺术风格。从雕和塑的角度来看,龙门和云冈都属于雕。但为什么工匠到了龙门会出现这么大的失误呢?上面这段文献也说明他们一开始是想仿造云冈石窟的,也就是受到云冈模式的影响,但是因为材料不同,造成了工程上的失误,故形成了龙门石窟和云冈石窟不同的艺术风格。

下页图中左边是云冈石窟第5窟的一尊佛像,我们可以看到它的线条比较有劲力。右边是云冈石窟第3窟的一组造像,雕凿于唐代初期,刀法又有所变化,用的是圆刀法。大家仔细观察和感觉,圆刀法加上砂岩质,而砂岩又是一种暖色调,给人的感觉就更亲切一些。

| 第三讲 | 云冈石窟的艺术特征（下）

云冈石窟第 5 窟与第 3 窟佛像雕凿对比

　　古阳洞是北魏刚迁都洛阳之后开凿的洞窟，这个洞窟里有许多为赞同孝文帝改革的官员开凿的龛像。例如，"龙门二十品"里就有十九品出自龙门的古阳洞。

| 探知无界 | 云冈石窟艺术与历史探秘

龙门二十品

"龙门二十品"是指选自龙门石窟中北魏时期的二十方造像题记,这二十块造像题记记载着佛龛的雕凿时间、人物、目的等。这些造像题记中的功德主多是北魏的王公贵族、高级官吏和有道高僧,他们为孝文帝歌功颂德或为祈福禳灾而开龛造像。"龙门二十品"的称号始自清代。其中有十九品在古阳洞,另一品(《比丘尼慈香慧政造像记》)在慈香窑。

"龙门二十品"包括:《长乐王丘穆陵亮夫人尉迟为亡息牛橛造像记》《步辇郎张元祖妻一弗为亡夫造像记》《比丘慧成为亡父始平公造像记》(简称《始平公造像记》)《北海王元详造像记》《司马解伯达造像记》《北海王国太妃高为亡孙保造像记》《云阳伯郑长猷为亡父等造像记》《新城县功曹孙秋生、刘起祖二百人等造像记》(简称《孙秋生造像记》)《高树和解伯都卅二人等造像记》《比丘惠感马为亡父母造像记》《广川王祖母太妃侯为亡夫广川王贺兰汗造像记》《邑主马振拜和维那张子成卅四人为皇帝造像记》《广川王祖母太妃侯为幼孙造像记》《比丘法生为孝文皇帝并北海王母子造像记》《辅国将军杨大眼为孝文皇帝造像记》(简称《杨大眼造像记》)《安定王元燮为亡祖亡考亡姚造像记》《齐郡王元祐造像记》《比丘尼慈香、慧政造像记》《比丘道匠为师僧父母造像记》《陆浑县功曹魏灵藏薛法绍造像记》(简称《魏灵藏造像记》)。其中,以《始平公造像记》《孙秋生造像记》《杨大眼造像记》和《魏灵藏造像记》最具代表性。

| 第三讲 | 云冈石窟的艺术特征（下）

孙秋生造像及其题记

杨大眼造像及其题记

魏灵藏造像及其题记

图片来源：刘景龙.古阳洞：龙门石窟第1443窟[M].北京：科学出版社，2001.

"龙门二十品"的特点是字型端正大方、气势刚健质朴，结体、用笔在汉隶和唐楷之间。"龙门二十品"是魏碑体的代表，它基于隶、形于楷，是隶书向楷书的过渡，是后代碑拓鉴赏家从众多的石刻题记中精选出来的魏碑书法精华，是魏碑书体的法帖范本，以其碑刻及书法价值闻名于世。魏碑书法在乾嘉至清末，受到了包世臣、康有为等书法家、学者的极力推崇。康有为在《广艺舟双楫》中称魏碑有"结构天成、笔法跳跃、精神飞动、血肉丰美"等十美，他大力提倡学习书法应从"龙门二十品"入手，给"龙门二十品"以极高的评价。

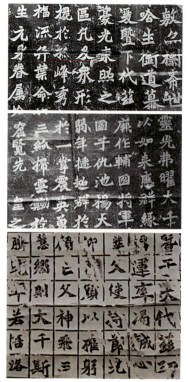

| 第三讲 | 云冈石窟的艺术特征（下）

龙门石窟古阳洞

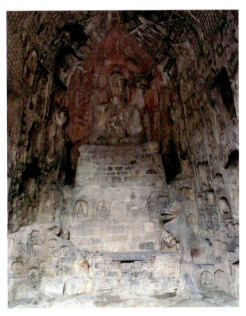

古阳洞正壁

图片来源：刘景龙.古阳洞：龙门石窟第1443窟[M].北京：科学出版社，2001.

| 探知无界 | 云冈石窟艺术与历史探秘

下图所示是"龙门二十品"中的始平公造像及其题记。我们可以看到，这个像雕刻得非常细致，给人一种锐利感，即整个像更能给人一种凌厉、"凛凛然若对神明"的感觉。

始平公造像及其题记

图片来源：刘景龙. 古阳洞：龙门石窟第1443窟 [M]. 北京：科学出版社，2001.

概括起来说，云冈石窟工程培养了一大批石刻工匠，之后的很多石作工匠主要承袭的传统、主要的锻炼的队伍都源自云冈石窟工程的工匠。

| 第三讲 | 云冈石窟的艺术特征（下）

云冈石窟的艺术特征之四：多元文化的交流

云冈石窟第 18 窟属于云冈石窟第一期中的一座洞窟。它的北壁有一组弟子的群雕，有的弟子像是典型的欧罗巴人的形象，这些像的雕凿很可能有熟悉西方雕刻技艺的工匠参与。

胡僧头像

| 探知无界 | 云冈石窟艺术与历史探秘

 想一想

云冈石窟的造像特征具体体现在哪些方面?

艺术实践:请以云冈石窟的一尊佛像为素材,分析其线条、色彩及人物形态等,并绘制一幅思维导图以解释自己的思考。

| 第三讲 | 云冈石窟的艺术特征（下）

　　下面两张图是云冈石窟第18窟，左图是日本学者在20世纪一二十年代拍摄的云冈石窟的老照片，因为当时中国国力不强，当地的老百姓还生活在洞窟里。右图是云冈石窟第18窟现在的样子，上文说到的胡僧就位于第18窟的正壁（北壁）上。

云冈石窟第18窟

图片来源：Friedrich Perzynsk. Von Chinas Göttern: Reisen in China[M]. München : K. Wolff. 1920.

第一讲我们就介绍了大同是平城时代丝绸之路的起点，以及在大同发现的外来的一些金银器和玻璃器。《魏书·释老志》里记载有狮子国的僧侣来到平城，狮子国就是现在的斯里兰卡，斯里兰卡的五位僧人，奉"佛像三"，历经千难万苦，来到平城。"皆云，备历西域诸国"。云冈石窟里有很多中外文化交流的痕迹，第6窟东壁上层的一名弟子立像的衣服是带着大翻领的，这就是受国外服饰影响的一个例子。

云冈石窟第6窟东壁上层龛间弟子立像

| 第三讲 | 云冈石窟的艺术特征（下）

云冈石窟第 12 窟表现了一个商人的团队，这个团队正在向佛贡献礼物，从商人的衣冠来看，表现的是少数民族的服装样式。

云冈石窟第 12 窟——商队

第 12 窟具前室、后室。洞窟形制为佛殿窟，洞窟设计规整，雕饰华丽。此窟内外的设计体现出皇家宫殿式建筑格局的规范性和完整性。

| 探知无界 | 云冈石窟艺术与历史探秘

　　1933 年，梁思成及其夫人林徽因，以及刘敦桢等来到云冈进行调查，并写了一篇非常有名的文章——《云冈石窟中所表现的北魏建筑》。这篇文章举了大量的例证，表明云冈石窟受到了不同国家的外来文化的影响。从建筑这个角度来看，外来影响是非常多的，但是它没有动摇中国传统建筑基本的构架原理。下图是梁思成、林徽因、刘敦桢一行，其中包括当时还是学生的著名建筑学家莫宗江先生。

梁思成、林徽因、刘敦桢一行

图片来源：梁思成. 梁思成全集 第一卷 [M]. 北京：中国建筑工业出版社，2001.

| 第三讲 | 云冈石窟的艺术特征（下）

1933年林徽因在云冈石窟

图片来源：林洙.梁思成 林徽因与我[M].北京：清华大学出版社，2004.

| 探知无界 | 云冈石窟艺术与历史探秘

下图是云冈石窟第39窟。第39窟非常有特色,一般做建筑的人到云冈时一定会去参观第39窟。第39窟是一个中心塔柱窟,中央雕凿出一座五层的仿木结构的楼阁式塔,中外建筑史学家都对它给予了特殊的关注。

云冈石窟第39窟

第39窟,塔庙窟,圆拱形窟门,楣内饰忍冬纹,窟门上方两明窗,窟内四壁雕刻千佛。中央置五级方塔,高6米。第39窟为云冈石窟晚期规模最大的洞窟。窟顶平棊格间分别雕刻手托日月的阿修罗天、团莲与蛟龙。

| 第三讲 | 云冈石窟的艺术特征（下）

　　下图是云冈石窟第39窟的五层塔和日本法隆寺五重塔的对比，大家看是不是很像？梁思成等当时对云冈石窟的柱子和国外建筑的柱子做了对比。柱子在西方建筑里受到特别的重视，梁思成等的文章里说云冈石窟中的柱子受外国影响的证明散见各处，有受印度影响的那种元宝式的柱子，也有受

第39窟的五层塔　　　　　　日本法隆寺五重塔

中部第8窟　　　TEMPLE OF NEANDRIA
LONIC 式柱　　　LONIC 式柱

希腊古 LONIC 式柱头

波斯 PERSEPOLIS 兽形柱头二种　　云冈中部第8窟兽形斗栱

 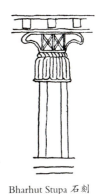

中部第3窟南壁　　　Bharhut Stupa 石刻
印度"元宝式"柱头

柱式

图片来源：林徽因，梁思成，刘敦桢. 云冈石窟中所表现的北魏建筑[C]. 中国营造学社汇刊，1933，3：3-4.

希腊罗马影响的爱奥尼克柱式，还有受波斯文化影响的双兽头柱子。所以他们说在云冈石窟里可以反映中外文化交流的例子比比皆是，包括装饰花纹。与周、秦、汉的装饰纹样相比，云冈石窟中的装饰花纹产生了很大的变化。莲花纹、联珠纹、忍冬纹遍布石窟，这些都不是中国传统的纹样。

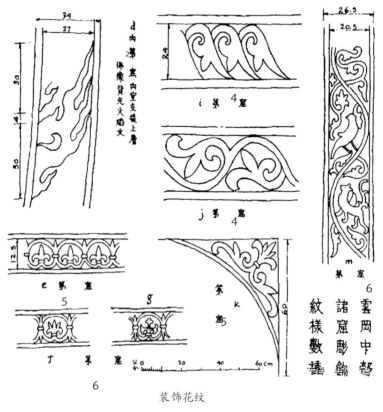

装饰花纹

图片来源：林徽因，梁思成，刘敦桢. 云冈石窟中所表现的北魏建筑 [C]. 中国营造学社汇刊，1933，3：3-4.

世界上很多艺术史学家都对忍冬纹进行过研究。忍冬纹有不同的标题,但基本构图一样。下面两图中,上图表现的是佛成道之后在鹿野苑初转法轮的情景,双鹿下面的纹饰就是忍冬纹;下图则是忍冬纹与莲花纹的结合。

鹿野苑初转法轮

忍冬纹与莲花纹的结合

现在我们讲一下云冈石窟与现代的国际文化交流。

日本一位有名的建筑学家伊东忠太，他研究日本建筑，为了找日本建筑的源头，曾多次来到中国。1902年夏天他来到了云冈，他在文章里曾说过，他第一次看到云冈石窟时一下子就愣住了，吃惊到连舌头都动不了了，可能就是达到了文献里说的"骇动人神"的效果。回到日本后他就写文章介绍了云冈石窟，这是现代意义上的云冈石窟的重新发现。在他之后就有很多国内外学者去调查和介绍云冈石窟。

下页的图是伊东忠太在参观云冈石窟时所画的云冈石窟的图。他的部分著作现在在中国翻译出版了。这是《手绘天朝》里面的附图，第二个图的左上角也是忍冬纹，伊东忠太在右边写了一句话，说这种建筑斗拱的样子很像日本奈良的建筑。

伊东忠太看过云冈石窟之后，向国外介绍了云冈石窟，又不断地和中国的学者交流，他曾到中国营造学社演讲。受他的影响，后来有很多中外学者去云冈进行了调查。比如法国著名的汉学家沙畹在1907年去了云冈石窟，他的著作也在中国翻译出版了。中国学者陈垣先生写了国人研究云冈石窟的第一篇论文——《记大同武州山石窟寺》。1938—1944年，京都大学教授水野清一和长广敏雄带领的调查队对云冈石窟进行了比较系统的调查。长广敏雄在他的《云冈日记》里写了这样一句话："云冈，这里有打败人类的东西。"意即云冈

| 第三讲 | 云冈石窟的艺术特征(下)

有精神性的东西影响着人们,既影响着古人,也影响着现代的我们。

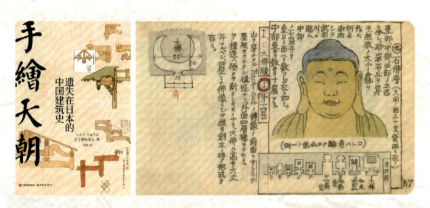

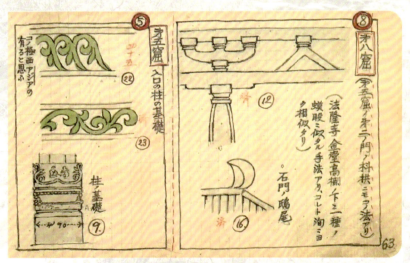

伊东忠太手稿

图片来源:伊东忠太.手绘天朝[M].陈琰,译.北京:现代出版社,2020.

| **探知无界** | 云冈石窟艺术与历史探秘

数十年来,云冈石窟接待了来自法国、英国等多国的政要和学者,1973年法国总统蓬皮杜在参观云冈石窟的时候曾说:"云冈石窟毫无疑问是世界艺术的高峰之一,它表明你们的创造精神,是贵国文化遗产对世界最优良的贡献之一。"我想,所有这些评价,包括古文献里对云冈石窟艺术的赞叹,都足以表明云冈石窟作为世界文化遗产所具有的世界影响力。

云冈石窟的建筑(例如柱塔、斗拱等)有哪些特点?你是否能够看出它体现的文化内涵?

艺术实践:①请试着绘制一张云冈石窟的柱塔,并在草图中体现自己对这种建筑造型的思考。

②讲述云冈石窟建筑的典型特征(举例),并介绍这样的建筑风格所带来的文化影响。

思考与探索

增强历史感

假设你是昙曜开凿石窟带领的 10 000 名工人之一,请任选一个视角谈一谈你的工作感受。

提升艺术感

古人形容石窟"雕饰奇伟,冠于一世""真容巨壮,世法所稀",请任意选取一尊/组石窟造像,以图文并茂/视频的方式描述它的具体艺术价值所在。

彰显未来感

查阅相关资料,了解石窟的保护措施和现状,就石窟艺术文化的保护和传承提出一项具体建议。

表达现场感

前往云冈石窟,分享你置身石窟之中的真实感受。

北大附中简介

北京大学附属中学（简称北大附中）创办于1960年，作为北京市示范高中，是北京大学四级火箭（小学－中学－大学－研究生院）培养体系的重要组成部分，同时也是北京大学基础教育研究实践和后备人才培养基地。建校之初，学校从北京大学各院系抽调青年教师组成附中教师队伍，一直以来秉承了北京大学爱国、进步、民主、科学的优良传统，大力培育勤奋、严谨、求实、创新的优良学风。

60多年的办学历史和经验凝炼了北大附中的培养目标：致力于培养具有家国情怀、国际视野和面向未来的新时代领军人才。他们健康自信、尊重自然，善于学习、勇于创新，既能在生活中关爱他人，又能热忱服务社会和国家发展。

北大附中在初中教育阶段坚持"五育并举、全面发展"的目标，在做好学段进阶的同时，以开拓创新的智慧和勇气打造出"重视基础，多元发展，全面提高素质"的办学特色。初中部致力于探索减负增效的教育教学模式，着眼于学校的高质量发展，在"双减"背景下深耕精品课堂，开设丰富多元的选修课、俱乐部及社团课程，创设学科实践、跨学科实践、综合实践活动等兼顾知识、能力、素养的学生实践学习课程体系，力争把学生培养成乐学、会学、善学的全面发展型人才。

北大附中在高中教育阶段创建学院制、书院制、选课制、走班制、导师制、学长制等多项教育教学组织和管理制度，开设丰富的综合实践和劳动教育课程，在推进艺术、技术、体育教育专业化的同时，不断探索跨学科科学教育的融合与创新。学校以"苦练内功、提升品质、上好学年每一课"为主旨，坚持以学生为中心的自主学习模式，采取线上线下相结合的学习方式，不断开创国际化视野的国内高中教育新格局。

　　2023年4月，在北京市科协和北京大学的大力支持下，北大附中科学技术协会成立，由三方共建的"科学教育研究基地"于同年落成。学校确立了"科学育人、全员参与、学科融合、协同发展"的科学教育指导思想，由学校科学教育中心统筹全校及集团各分校科学教育资源，构建初高贯通、大中协同的科学教育体系，建设"融、汇、贯、通"的科学教育课程群，着力打造一支多学科融合的专业化科学教师队伍，立足中学生的创新素养培育，创设有趣、有价值、全员参与的科学课程和科技活动。